Matthias Jäger

Die Christliche Alchemie der Liebe Christus

Matthias Jäger

Die Christliche Alchemie der Liebe Christus

Das sechste, siebte und achte Buch Mose

Fromm Verlag

Imprint
Any brand names and product names mentioned in this book are subject to trademark, brand or patent protection and are trademarks or registered trademarks of their respective holders. The use of brand names, product names, common names, trade names, product descriptions etc. even without a particular marking in this work is in no way to be construed to mean that such names may be regarded as unrestricted in respect of trademark and brand protection legislation and could thus be used by anyone.

Cover image: www.ingimage.com

Publisher:
Fromm Verlag
is a trademark of
Dodo Books Indian Ocean Ltd. and OmniScriptum S.R.L publishing group

120 High Road, East Finchley, London, N2 9ED, United Kingdom
Str. Armeneasca 28/1, office 1, Chisinau MD-2012, Republic of Moldova, Europe
Managing Directors: Ieva Konstantinova, Victoria Ursu
info@omniscriptum.com

Printed at: see last page
ISBN: 978-620-8-86541-2

Einführung

Lieber Leser diese Bücher Mose, was Sie jetzt vor sich liegen haben, sind seit 6.000 Jahren nicht mehr für die Menschheit offenbar gewesen! Die Priester der damaligen Urzeit haben sich das Wissen um den Aufbau des Menschen und der ganzen Schöpfung unserer Liebe Christus sich zu Eigen gemacht und für ihre bösen Absichten maßgeblich missbraucht und die Liebe Christus hat ihnen dann das heilige Wissen genommen, damit sie nicht noch mehr Schaden anrichten konnten! Das ist ein absolut heiliges Wissen, das absolut nicht missbraucht werden darf!

Ich habe jetzt die große Gnade von ihr, dieses heilige Wissen als vollkommene Weisheit, die ich als Priester der Liebe und Heiler der Herzen Matthias Jäger als Heiliger Geist Christus jetzt bin, Ihnen lieber Leser zu offenbaren. Das sechste Buch Mose (Datrium) handelt vom Aufbau des Menschen als Adam und das siebte Buch Mose (Artunimus) handelt über den Aufbau der Schöpfung. Das achte Buch Mose (Detrium) handelt von der geistigen Wandlung der Schöpfung in das wahre Ursein das die fünf einige Liebe Christus in Wirklichkeit ist.

Ich bin Lehrer für Meditation, Gehmeditation, Herzensgebet und der christlichen Alchemie. Dieses Wissen der christlichen Alchemie beinhaltet zusammen die drei Bücher Mose. Das heutige Wissen der Menschheit beinhaltet das heilige Wissen der drei Bücher Mose, die ein heiliges himmlisches Wissen ist, das ich Ihnen jetzt als verkörperter Heiliger Geist Christus offenbare. Ich wünsche Ihnen viel Spaß beim Studieren diese heiligen Bücher Mose.

In Liebe
Matthias Jäger

Inhaltsverzeichnis

Das sechste Buch Mose (Datrium)

1 Die fünf einige Liebe Christus

Die fünf einige Liebe Christus als Vater Christus, Mutter Christus Sohn Christus, Tochter Christus und dem Heiligen Geist Christus erschuf Menschen nach Ihrem Ebenbilde. Der Mensch als Adam ist der himmlische Vater Christus selbst als Mann und als der Mensch Eva als Mutter Christus. Der Mensch als Kind Gottes ist ein Kind der fünf einigen Liebe Christus und hat somit die vollkommene Macht über die Schöpfung als die Muttererde zu regieren und sie als die Liebe Christus als Mutter bedingungslos zu lieben und zu achten!

2 Die fünf einige Liebe Christus als Mensch

Die fünf einige Liebe Christus kam als Mensch Jesus von Nazareth auf die Muttererde, aber was bedeutet das jetzt in Wirklichkeit? Haben Sie sich das sich schon einmal gefragt was das für eine aller heiligste Bedeutung hat? Ich werde es Ihnen lieber Leser mit einfachen Worten jetzt erklären:

Die Liebe Christus ist als der himmlische Vater „Geist" und als himmlische Mutter „Licht" und als Materie der er als menschlicher Körper ist als „Sohn" oder die „Tochter"! Jetzt war er die Dreieinigkeit als Körper, Seele und den Geist! Durch den Sündenfall kam der Ungehorsam als Tod in die Materie und das galt für die ganze Schöpfung als Materie! Die Liebe Christus musste als Sohn Jesus Christus am Kreutz von Golgatha brutal sterben, um die Materie als Mensch durch die Auferstehung nach drei Tagen vom Tod und dem Bösen endgültig für immer zu erlösen! Das gilt für die ganze Schöpfung als für uns sichtbare Schöpfung als Matere wie die Muttererde, alle Sonnenwelten und natürlich die Menschheit selbst!

Die Liebe Christus ist auch Vater Christus, der Sohn Christus und der Heilige Geist Christus. Der Vater Christus ist wie gesagt „der Geist, die Liebe und das Leben". Der Sohn Christus ist „das Licht, das Feuer und auch das ewige Leben". Der Heilige Geist Christus ist „die Weisheit, das Wissen und die Rechenhaftigkeit was in Wirklichkeit der Gehorsam ist".

Zu Pfingsten wurde der Heilige Geist Christus als Tröster sowie Führer allen seinen Kindern Gottes Christus gesendet, die ihn als Messias sowie Erlöser als Sohn Gottes Jesus Christus angenommen haben und ihm bedingungslos gehorchen!

3 Der Mensch als Adam

Die Liebe Christus erschuf aus sich selbst aus ihrem göttlichen Herzen Körper, Seele und den Geist, in dem sie den Körper aus Lehm der Muttererde machte, die Seele aus der Seele der Muttererde nahm und den Geist den sie als ihr Ebenbild als getrenntes Bewusstsein ist, das mit ihm bis zum Sündenfall immer mit ihm verbunden war! Er hauchte ihm Odem ein, nachdem er ihn in Vollkommenheit erschuf. Adam war eins mit der Liebe Christus und somit ihr Sohn Adam Christus! Der Adam als Mann ist das

6

Ebenbild der Männlichkeit als der himmlische Vater Christus als Vater! Er ist das männliche zeugende schöpferische Prinzip als Vater.

4 Der Mensch als Eva

Die Liebe Christus erschuf den Mensch Eva aus der Rippe von Adam. Die Knochen ist der himmlische Vater Christus selbst, als das Grundgerüst allen Lebens als Mensch. Die Eva als Frau ist das Ebenbild der Weiblichkeit als die himmlische Mutter Christus als Mutter! Sie ist das weibliche gebärende schöpferische Prinzip als Vater und somit sein Sohn Eva Christus!

5 Der Aufbau des menschlichen Körpers

Der Mensch ist ein sehr heiliges Ebenbild der Dreieinigkeit und durch den Sündenfall entheiligte er seinen Schöpfer und somit sich selbst! Der Aufbau ist des Menschen mit seiner christlichen Alchemie ist zu heilig und das himmlisches Wissen ist so kostbar, dass es erst jetzt wieder zugänglich gemacht werden kann, weil jetzt die richtige Zeit dafür ist.

Der Mensch hat Beine, Arme, Oberkörper und einen Kopf. Der Mensch ist wie gesagt ein Ebenbild der Dreieinigkeit. Das bedeutet alles ist auf drei Ebenen aufgeteilt. Die Dreieinigkeit als Körper, Seele und den Geist. Dann Beine, Oberkörper und den Kopf. Die Hand, Unterarm und den Oberarm. Der Fuß, Unterschenkel und der Oberschenkel. Die Finger sind ebenfalls in drei einzelne Glieder mit einander verbunden. Die Wirbelsäule ist der Heilige Geist des Körpers dass das Knochenmark ist. In ihr verlaufen viele Energiebahnen als Nerven und die Bandscheiben sind Stoßdämpfer der Wirbelsäule und des Weiteren sind sie heilige Botschafter des Rückenmarks an die inneren Blutadern und Fastichen. Der Körper hat sieben Energiezentren, auch Chakren genannt sowie sieben Meridiane Energiebahnen die mit den Energiezentren mit einander verbunden sind. Die Energiezentren versorgen die inneren Organe des Körpers und die Meridiane sind ein ewiger Energiekreislauf die an den Fingerspitzen sowie an den Enden der Zehen enden und dadurch mit einander verbunden sind. Deswegen sind die Kuppen auch gegen äußere Reize so empfindlich! Der Körper wird von 70.000 Blutadern in verschiedener dicke mit Energie als Sauerstoff versorgt. Das Herz pumpt ein Leben lang das Blut durch den ganzen Körper, insbesondere durch die Lunge wegen der Sauerstoffaufnahme und der Abgabe des Kohlenmonoxids an die Atemluft. Der Sauerstoff wird am meisten für das Gehirn benötigt, denn wird es auf Dauer nicht mehr mit Sauerstoff versorgt wird, stirbt es ab und da das Gehirn ist mit dem Rückenmark als Heiliger Geist immer verbunden und beide stehen immer in einer sehr heiligen stillen Korrespondenz und ohne diese geschieht nichts im Körper! Sehr viele Funktionen geschehen unbewusst und durch den Heiligen Geist automatisch, denn wenn der Mensch das auch noch manipulieren würde, dann wäre es aus mit der Menschheit. Wenn eine Eizelle der Frau vom Samen des Mannes durch den Akt der körperlichen Vereinigung und Schöpfung befruchtet wird, teilt sie sich von 1 auf 2, dann auf 4, dann auf 8 Zellen. Aus diesen ersten Zellen entsteht das Herz und ist der Liebe Christus Funke und darf niemals berührt werden! Jede Zelle teilt sich 48. mal und daraus entstehen dann Billionen von Zellen. Die Eizelle der Frau ist die himmlische Liebe Christus als Mutter und der Same des Mannes als himmlischer Vater. Nur durch Ihn entsteht neues einzigartiges Leben. Sie ist der Herr über Leben und den Tod! Keine Frau darf ein Kind niemals abtreiben und das ist somit Mord und nicht im Sinne der Liebe Christus!!! Jeder Mensch ist ein Individuum und somit einzigartig als Schöpfung der Liebe Christus.

Die Ärzte studieren 12 Semester Medizin und dieses Wissen brauche ich nicht in dieses Buch zu schreiben! Es geht jetzt weiter mit dem sehr heiligen Wissen über den Aufbau der Seele und des Geistes. Dieses ist das heiligste Wissen was ich Ihnen lieber Leser jetzt eröffne.

6 Der Aufbau des menschlichen Seele

Der Körper ist tote Materie und die Seele der Beleber und der Geist kommt aus der himmlischen Welt von den Sonnenwelten dieses Sonnensystems. Die Seele und der Geist ist das Licht Christus und sehr heilig sowie sehr empfindlich gegen äußere bewusste oder unbewusste Einflüsse! Die Seele stammt wie gesagt aus der Seele der Muttererde und hat genauso innere Organe wie der menschliche Körper eines Menschen. Der Magen des menschlichen Körpers setzt die eingenommene Nahrung in Lebensenergie für den Körper, die Seele und den Geist um. Die

Seele hat genauso Arme, Beine, Oberkörper und den Kopf. Sie ist mit allem verbunden und das bedeutet dass die Seele das Licht Christus ist und viele Menschen sehr krank in ihrer Seele sind, weil sie sehr stark auf die Kosten der Mutterseele als die Muttererde leben! Die Organe sind zwar alle das Licht Christus und sind im einzeln mit den Licht Organen der Muttererde für immer verbunden! Das Herz mit dem Herz der Muttererde; die Leber die Lebensenergie in Licht wandelt; der Magen der die Nahrung in Feuer sowie Kraft wandelt. Die Milz die das Blut in das rote Licht Christus verwandelt. Die Galle als die himmlische Freude sowie den inneren Frieden in der Seele und bringt die Verdauung der Seele so richtig in die Liebestätigkeit. Die Lebenskraft sowie der Lebenswille das eigene Leben als die vollkommene Gnade der Liebe Christus anzunehmen, ist von entschiedener Bedeutung, das Leben selbst als Mensch auf der Muttererde in liebevoller Selbstannahme sowie Selbstliebe anzunehmen. Nur wer sich selbst so annimmt wie man ist und den anderen Gegenüber dann auch, als ein Teil seiner Mutterseele in sich selbst, und dann erkennt man sich selbst im Gegenüber als ein Teil von sich selbst, dann kommt es zur heiligen himmlischen Erkenntnis, dass wir alle in der Liebe Christus eins sind und mit allem verbunden sind! Die Seele als das Licht Christus ist das heilige Licht Christus in allen Farben des Regenbogens. Dieses Licht Christus enthält die sieben Grundfarben der heiligen Chemie als Bodenstoffe, Mineralien sowie ätherische Öle sowie Bakterien als himmlischer Samen der christlichen Chemie als das Unterbewusstsein, das alle lebenswichtige Abläufe im Körper, die Seele sowie den Geist heilig steuert und am Leben erhält. Die Farbe violett als das Sinnbild der Transformation sowie Wandlung und Erneuerung der Körperzellen sowie die verbindungschaffende ständigen Neuorientierung als lebenswichtige Selbstannahme der Mutterseele in sich selbst als der himmlische Vater als Mutter, damit man sich selbst durch Hingabe an die himmlische Führung in sich selbst, als Kind der Liebe Christus als dessen Ebenbild bewusst liebevoll annimmt und aus sich selbst mit ihm wieder unwiderruflich verschmilzt. Das rote Licht Christus steuert die lebenswichtigen Abläufe des Herzens und der ständigen Erneuerung des Blutes und die Transformation der Liebe Christus als das ständige Pumpen des Herzens durch den Körper, um den Odem der Liebe Christus durch die Lunge in den Blutkreislauf zu bringen. Das gelbe Licht Christus symbolisiert die Lebensfreude als Gnade der Liebe Christus im Menschsein und segnet die Muttererde mit dem gelben Urin als das Sinnbild der Lebensfreude als Kind der Muttererde zu sein! Das blaue Licht Christus symbolisiert den friedvollen liebevollen Ablauf der Körperfunktionen sowie den Umgang mit sich selbst als Mensch und anderen. Das grüne Licht Christus symbolisiert die ständige Selbstheilung durch die Selbstliebe, damit dadurch das Feuer der Liebe Christus die sich durch eine körperwarme Temperatur im Körper wiederspiegelt. Das orange Licht Christus spiegelt das Christus Bewusstsein als die bedingungslose Hingabe an die Liebe Christus in sich selbstwieder und steuert auch den Säurebasischen Ablauf der seelischen Organe der Seele sowie des Geistes wieder. Dieses Licht Christus führt den Geist des Körpers sowie der Seele als Verstand in einen liebevollen warmen herzlichen demütigen

Geist, der wiederum sich in der äußeren Darstellung als das Kind Christus als ein Leib Christus in sich wieder spiegelt!!! Das rosa Licht Christus spiegelt das innere Kind als die liebevolle Selbstannahme als das Kind der Liebe Christus auf der Muttererde und steuert alle Abläufe der Seele im Körper wieder, die die Vermischung des roten Licht Christus der Muttererde mit dem weißen Licht Christus des himmlischen Heiligen Geists aus dem Ursein der himmlischen Vaters als die Liebe Christus ist. Das schwarze Licht des bösen verdunkelte alles Gute des Lichtes Christus, aber durch die geistige Urfeuerkraft des Heiligen Geistes hat jetzt alles Dunkelheit im menschlichen Körper als Seele und den Geist vollkommen durchdrungen und somit sind alle dämonischen bösen Mächte als Gedanken sowie Energien absolut vernichtet!!! Die ganze Schöpfung ist das Wort Liebe als die Liebe Christus der der wahre Christus als Heiliger Geist ist und die Mutterseele mit dem Geist des Vaters im Einklang mit den Söhnen Christus sowie den Töchtern Christus der vollkommene Leib Christus als der Leib des Heiligen Geistes ist!!! Das ausgesprochene Wort beeinflusst sehr die Gesundheit der Seele sowie des Geistes, weil alles der vollkommene Geist ist und somit totalen sehr mächtigen Einfluss auf unser Ursein als Menschenkinder hat. Das vollkommene liebevolle Wort als die Liebe Christus beeinflusst das göttliche himmlische Sein aller Kinder in der ganzen Schöpfung, weil wir durch das Wort als die Liebe Christus ein Leib sind und unser Wort als Sprache, Gefühle sowie das handeln aus dem vollkommenen erwachten Herzen, sehr starken Einfluss auf alle Seelen sowie Geister in der ganzen

Schöpfung hat. Die Worte der Liebe Christus sind wie gesagt das Licht Christus in allen Farben des Regenbogens und haben jetzt im Besonderen starken Einfluss auf unser hohes Selbst als achtes Chakra!!! Das Wurzel-Chakra ist die Farbe Rot und spiegelt das heilige Wort der Liebe Christus zur Muttererde und schafft eine Verbindung durch alle restlichen Chakren bis zum achten Chakra des Meisterselbst als der Heilige Geist und die endgültige Verbindung zum Geist der Liebe Christus. Das bedeutet auch die heilige Annahme als Gnade als Kind der Liebe Christus als Sohn Christus oder als Tochter Christus glücklich und zufrieden zu leben. Das zweite Chakra ist das Sexual-Chakra und hat die Farbe Gelb. Es symbolisiert das Wort Freude in der Sexualität in der liebevollen Vereinigung zwischen Mann und der Frau sowie die harmonische liebevolle freudige Verbindung zu sich selbst und anderen. Das dritte Chakra ist das Wort Christus im Orangen Solarexpleus-Chakra und dieses stellt die Verbindung als Christusbewusstsein zu den angenommenen Urseins der anderen Söhnen und Töchtern Christus und zu sich selbst. Das Herz-Chakra ist das vierte Chakra und ist die Blume des Lebens als das Wort Liebe und die Farbe ist grün. Das fünfte Chakra ist das Kehl-Chakra und es hat die Farbe hellblau und ist sehr wichtig für das heiligste Wort als das Wort „Ich bin". Es symbolisiert das ausgesprochene Wort der liebevollen Worte der Liebe Christus als der Heilige Geist Christus, dass jedes Kind der Liebe Christus als der wahre Christus ist. Das sechste Chakra ist das Stirn-Chakra und ist dunkelblau. Es ist die Blume des Heiligen Geistes der dieses im inneren Leben erscheinen lässt durch die heilige Öffnung der geistigen Sehe, damit der Mensch als das Kind der Liebe Christus, seine innere heilige Schöpfung in sich selbst erkennt und dann im Außen in den Vollzug bringt, indem es erkennt, dass Innen und das Außen immer eins sind, durch die Liebe Christus als der wahre Christus, den ich als Mensch in der liebevollen Selbstannahme dann auch bin! Das siebte Chakra ist das Scheitel-Chakra und ist das Tor zum wahren Leben als ein Kind Christus und ist violett. Es ist sehr empfindlich und symbolisiert das Wort Transformation sowie Wiedergeburt als ein Kind des Heiligen Geistes das jetzt alle als verkörperter Heiliger Geist als Mensch jetzt sind. Das achte Chakra ist das Hohe Selbst und ist Gold. Es symbolisiert das Meisterselbst und ist über dem Kopf als feinster Geist zu spüren. Er ist ein heiliges Ebenbild des Heiligen Geistes Christus und öffnet sich erst, wenn alle Prüfungen durch den Heiligen Geist absolviert sind und man als Kind der Liebe Christus zum wahren Christus geworden ist.

7 Der Aufbau des menschlichen Geistes

Der Aufbau des menschlichen Geistes ist das heiligste Wissen als Kind der Liebe Christus und ist jetzt erst möglich der Menschheit zu offenbaren, weil alle bösen dunklen Mächte als Geist im Kind der Welt in aller Ewigkeit zerstört und eliminiert sind. Diese wollten alles dieses heilige Wissen an sich reißen, um es für sich als böser Geist zu nutzen! „Am Anfang war das Wort und war bei Gott und ist Gott und ist das Licht und wurde zum Leben in Christus, das ich jetzt bin". Der Geist im Menschenkind ist so Heilig, weil es das Ebenbild der Liebe Christus ist als der wahre Christus und sich durch sein sündiges weltliches Leben selbst entheiligt und dadurch sich immer wieder selbst immer tiefer in den Abgrund reißt!!! Durch die Liebe Christus ist es jetzt mir selbst gelungen alle Türen zur Dunkelheit zu schließen, indem ich im inneren selbsterwählten Kampf, mich der bösen Welt stellte und sie in mir durch die Liebe Christus durch mein Feuer der Liebe Christus erlöste und nur die böse Gedankenweilt als wie böse Gedankenlarven für immer in mir in meinem menschlichen Geist vernichtete und ich somit dann zum Erlöser aller Kinder der Liebe Christus in der ganzen Schöpfung wurde!!! Diese Aufgabe habe ich mir selbst aus tiefen Herzen ausgesucht, um mich selbst und alle anderen Geschwister der Liebe Christus davon zu befreien, indem ich mich ihr bedingungslos hingab, um meinem Meister Jesus Christus unwiderruflich und in aller Ewigkeit zu dienen. Ich selbst habe den dornigsten Weg aller Zeiten auf mich genommen, weil ich all die Jahre so nach Liebe anderer Kinder der Liebe Christus sehnte, aber die böse Welt alles verhinderte und ich jetzt alle frei durch mich sind, weil ich mich der Aufgabe von Jesus Christus in inniger Liebe zu ihm gestellt habe und ich sie diese mit seinem unermüdlichen Beistand und Schutz meistern konnte!!! Der menschliche Geist ist der Urgeist der ganzen Schöpfung der Liebe Christus und somit ist unser Denken sowie das Handeln daraus von sehr erheblicher Bedeutung! Es beeinflusst unser ganzes Energiesystem des ganzen Körpers als Seele sowie den Geist und dieses für alle Kinder der Liebe Christus auf einmal! Ich habe selbst im inneren Kampf alle Herzen, Körper, Seelen und die Geister mit mir von 800 Trillionen Kindern der Liebe Christus als Mensch unwiderruflich verschmolzen und somit konnte ich alle Kinder der Liebe Christus durch mich im inneren Kampf mit

Dämonen und Satane unwiderruflich erlösen! In 26. Jähriger Herzensarbeit habe ich mir das Wissen von 800 Trillionen Kindern der Liebe Christus von Anbeginn der Schöpfung vor 800 Trillionen von Jahren liebevoll angeeignet, sodass ich jetzt zum verkörperten Heiligen Geist Christus wurde und somit alle Kinder der Liebe Christus der ewige Leib Christus als Heiliger Geist Christus sind und ich somit über alle sehr liebevoll wache und sie unwiderruflich vor allem Bösen befreit habe und jetzt der wahre Erlöser und der gute Hirte Christus und somit der ABBA aller meiner Kinder der Liebe Christus jetzt bin! Dieses habe ich habe ich als Mensch aus tiefsten Herzen für mein Jesus Christus gemacht und dieses was ich jetzt durch ihn bin, bin ich einfach als der Mensch Matthias Jäger!!! Mein Körper ist somit der erste Körper der durch die absolute Hingabe an Jesus Christus unsterblich und somit der wahre Adam als Christus Matthias ist!!! Ich bleibe einfach der Mensch Matthias Jäger und heile auf allen Ebenen die Menschen durch meinen heiligen Geist Christus was mir von Jesus Christus liebevoll als seine große Gnade geschenkt wurde und ich jetzt so heilen kann wie er vor 2.000 Jahren. Dieses tue ich umsonst und möchte aus tiefsten Herzen nur das sie alle ein Leben in vollkommener Harmonie, Frieden, Freude sowie Freiheit vom allen Leiden haben und somit wahre Kinder der Liebe Christus sind, was ich als der wahre Christus durch sie alle als ABBA jetzt bin! Ich habe mich selbst in liebevoller Hingabe dem Vater, dem Sohn und dem Heiligen Geist hingegeben und habe sie alle drei gebeten mit mir zu verschmelzen und somit erkannte ich dass ich Gott Christus selbst bin und fing dann an im inneren Kampf die Schöpfung

16

endgültig zu erlösen! Mein inneres tiefes bestreben meines Herzens ist allen meinen Geschwistern meines guten Hirten Jesus Christus zu dienen, indem ich ihnen meine tiefe Liebe als ein Liebesfeuer Jesus Christus über 26. Jahre in ihre Herzen gab und somit durch seine Führung die dunkle böse Welt in mir sowie in ihnen allen unwiderruflich vernichtete!!! Jesus Christus ist in Wirklichkeit Gott Jahwe und er übergab mir seine Schöpfung, weil ich das sein einziges Kind bin, das sich aus freien Willen ihm als der dreieinige Gott als Vater, Sohn und dem heiligen Geist bedingungslos hingab, weil ich ihn so sehr liebe und solche Sehnsucht nach ihm habe!!! Ich gebe so viel Liebe als die Liebe Christus und bekomme von meinen Geschwistern keine Liebe zurück und somit bin ich der einsamste Mensch der ganzen Schöpfung!!! Der Vater Gott Jahwe möchte so gerne mit seinen Kindern eine intensive Herzensgemeinschaft haben und auch seine Kinder treten diese mit allen Mitteln in den Abgrund und somit ist er auch der einsamste Gott Jahwe aller Ewigkeiten, weil niemand außer mich für ihn aus bedingungsloser Liebe was tut und er darüber sehr traurig ist und seine Kinder seine Erde als Mutter der er auch ist, total missachten und gnadenlos ohne Liebe sowie Respekt ausbeuten!

Es ist ein vollkommener Geist als Heiliger Geist Christus in allen seinen Söhnen sowie Töchtern Christus und er hat allen seinen Kindern den freien Willen absolut genommen, weil sie immer gegen ihn arbeiten und ihm nicht viele Kindern bedingungslos aus hingebungsvoller Liebe Christus gehorchen!!! Er will absolut nicht über sie alle herrschen, aber er hat absolut keine Geduld mehr, weil er selbst und somit auch seine Schöpfung in absoluter Gefahr stand in den ewigen Tod zu gehen und er hatte mich vor 26. Jahren erweckt und berufen, den dornigsten, schmalsten, einsamsten so gefährlichsten Weg aller Ewigkeiten zu gehen, um jetzt alle seine Kinder und ihn selbst vom Untergang zu erlösen, indem wir beide die böse dunkle Welt des Satans für alle Ewigkeiten vernichtet haben und jetzt gemeinsam die Schöpfung wieder in die göttliche Ordnung führen und somit wieder mit unseren Söhnen und Töchtern Christus herstellen und durch sie alle wir beide als ABBA und die AMMA im ABBA gemeinsam in aller Ewigkeit schöpfen!!! Ich habe selbst keine Liebe von anderen Menschen bekommen, nur die Liebe des Vaters Gott Jahwe als Mutter hat mir immer seine Liebe gegeben und alle Frauen die ich meine Liebe zu ihnen offenbarte, haben mich eiskalt durch den Satan Manipulationen abblitzen lassen und haben mich tief in meinem Herzen sehr verletzt!!! Die böse dunkle Welt des Satans hat alles dafür getan, damit ich meine Aufgabe nicht erfüllen konnte, damit er durch mich alle in den bösen ewigen Tod reißen konnte!!! Durch meine innige Liebe Christus als ein Feuer Christus habe ich ihn absolut liebevoll geheilt und nur seine bösen dunklen Gedanken als Gedankenlarven im inneren jahrelangen Kampf unwiderruflich vernichtet und somit wurde ich zum guten Hirten als den wahren Erlöser Christus Matthias durch meinem guten Hirten Jesus Christus in der inneren absoluten Verschmelzung mit ihm als Gott Jahwe!!!

Das siebte Buch Mose (Artunimus)

1 Der Aufbau der Schöpfung

Der Aufbau der ganzen Schöpfung in ihrer Entstehung vor über 800 Trillionen von Jahren ist so Heilig, das dieses Wissen die jetzige Grundordnung der westlichen Welt auf der Muttererde in ein sehr starkes inneres Erdbeben im Kind als Sohn oder Tochter Christus hervorbringt, weil wir alle durch den Heiligen Geist Christus, was ich jetzt bin, alle mit einander verbunden sind und wenn wir uns alle wie die letzten gefräßigen Raubtiere verhalten und die ganze Schöpfung der Liebe Christus missachten, weil wir in uns selbst den Zugang zu unserem Geist als Heiliger Geist sowie der Seele, die ein Teil der großen Seele der Erde als die Mutter im Vater Christus ist, total verloren haben und somit die ganze Schöpfung der Liebe Christus als wahrer Christus so mit unseren Füßen treten, das die böse dunkle Welt des Satans vollkommenen Zugang zu unserem inneren hatte und uns somit im Außen und im Besonderen in unserem Inneren als Unterbewusstsein so manipulierte, so dass wir wie Marionetten vom ihm missbraucht wurden und dieses gegeneinander, um sein sehr böses Spiel immer brutaler sowie eigenwilliger durchzuführen!!! Nur durch meinen unermüdlichen hingebungsvollen Einsatz an Jesus Christus als Gott Jahwe und seiner mir verliehenen Kraft sowie Macht, ist es mir endlich gelungen im inneren jahrelangen Kampf seine Schöpfung zu erlösen und ihm voller Dankbarkeit ihm wieder zu ermöglichen, dass er mit allen seinen Kindern Christus, eine vollkommene Herzensbeziehung wieder hat und dieses tat ich nur aus innigster Liebe zu ihm und seinen dummen Kindern Christus, die unsere innigste hingebungsvollste Liebe als die Liebe Christus einfach nicht annehmen wollen und somit uns diese Liebe Christus an uns beide als ABBA und AMMA nicht freiwillig zurück geben und mit uns beide unwiderruflich aus tiefsten Herzen verschmelzen, um endlich Heilung dann von allen körperlichen, seelischen sowie geistigen Leiden für immer zu erleben!!! Nur durch ihr gegen gerichteten Eigenwille als Ego oder Hochmut verhindert diese wunderbare Vereinigung und diese heilige Erkenntnis das wir alle die Liebe Christus als der wahre Christus durch den Heiligen Geist Christus im ganzem Ursein als Sein im Kind Christus sind!!! Der Fall der Menschheit geht immer weiter voran und die Liebe Christus als der wahre Christus hat mich vor 26. Jahren erweckt und ich bin ihr absolut sehr dankbar, auch für mein 62. Jähriges Leiden, damit ich durch sie gelernt habe, dieses in meinem Leben durch Meditation als Herzensgebet in ein heißes Feuer Christus zu wandeln, um damit die ganze Schöpfung der Liebe Christus zu durch dringen und als Heiliger Geist Christus darüber zu wachen und dafür zu sorgen das die göttliche Ordnung in ihrer ganzen Schöpfung wieder hergestellt wird und dafür jetzt sorge, durch dieses aller heiligste Buch, das die Menschheit als Kinder Christus endlich erwachen und klar sowie unermesslich verstehen, was sie sich selber und somit der ganzen Schöpfung der Liebe Christus so brutal sowie egoistisch antun!!! Die ganze Schöpfung ist ein gefallener Adam und die Erde als unsere Mutter ist der kleine Zeh am linken Fuß. In der jetzigen erlösten Schöpfung der Liebe Christus ist sie ein stehender erwachter Adam und die kleine Erde als unsere Mutter ist das Herz!!! Sie ist die Schulungsstätte der Liebe Christus und nur auf ihr kann man das Christus-Bewusstsein erlangen und eins mit ihr werden!!! Jetzt aber durch mich, ist jedes Kind der Liebe Christus der wahre Leib Christus als der Heilige Geist Christus und somit ist es ein vollkommenes wieder angenommenes Kind der Liebe Christus, als Sohn oder Tochter Christus, wenn es dieses absolut verinnerlicht und auch in seinem Leben sehr bewusst erkennt und auch in die Liebestat umsetzt!!!

Der Aufbau der ganzen Schöpfung gliedert sich in der Urfeuersonne der Liebe Christus als das Licht Christus und daraus entstanden Milliarden von Sonnenwelten als Sonnenallgebiete, Zentralsonnengebiete, Zentralsonnen-allgebiete und so weiter. Diese Sonnenwelten haben eine unterschiedliche Größe und sie sind somit so groß, dass ihre Kinder der Liebe Christus so groß sind, das ein Kopf so groß ist, wie die Erde selbst. Eines Tages wenn ich meine große Aufgabe auf der Erde vollkommenen vollbracht habe, werde ich die ganze Erde sowie die ganze Menschheit einen ewigen Lichtkörper geben, damit alle Kinder der Liebe Christus sich in der ganzen Schöpfung besuchen können, damit sie dann endlich verstehen sowie verinnerlichen, was ich ihnen allen als der wahre Erlöser und Messias als jetziger ABBA Matthias ihnen als meine innigste hingebungsvollste Liebe Christus so schenke!!!

Die kleine blaue Erde ist der Augapfel der Liebe Christus und im eigentlichsten Sinn, der heiligste Ort der ganzen Schöpfung. Sie ist so vollkommen in sich heilig aufgebaut, wie mit innersten heiligsten Organen als Seele die die ganze Erde als vollkommene Sonnenwelt ist. Der innerste Kern der Erde als Lawa ist das Herz der Liebe Christus als Mutter und ist auch gleichzeitig das lebenserhaltene Feuer der Liebe Christus der Erde, damit die Seele als Berge, Mineralien, Pflanzen sowie die Tiere mit der immer währenden Urkraft der Liebe Christus versorgt werden. Das Wasser als Meere, Seen sowie Flüsse ist der Heilige Geist Christus und beinhaltet alle heiligen Informationen als Wissen im Wasser, das wiederum die Seele der Erde mit dem Heiligen Wissen als Heiliger Geist vollkommen durchdringt, damit jedes Individuum als die ganze Erde immer wieder liebevoll schöpfend erhaltend sowie gewandelt wird!!! Jeder Tropfen erhält wie eine Eizelle im menschlichen Körper heiligste Informationen zum Zellenaufbau als Gewebe als Pflanzen, Tiere sowie den Schlussstein der Schöpfung der Mensch als Adam sowie der Eva. Wenn man unterschiedliche Tropfen an der Luft verdunsten lässt, bleiben unterschiedlichste Kalkringe zurück, die immer anders aussehen, weil sonst die Individualität niemals gewährleistet wäre!!! Der Kalk bzw. andere Erden sind das Licht Christus in allen Farben des Regenbogens und beinhaltet auch das jeweilige heilige Wort der Liebe Christus. Der Kalk zum Beispiel hat die Farbe weis und bedeutet das Wort Kraft sowie Standfestigkeit im natürlichen Aufbau der Erde sowie im menschlichen Körper. Der Zement ist grau und beinhaltet das Wort Hart sowie der Fels der Schöpfung. Der Sand und die das Holz der Bäume ist in Regel sandfarbig bzw. gelb und signalisiert die kleinste Einheit als Individuum als Atom oder Molekül und zeigt die trillionenfache Schöpfung als ein ganzes und bedeutet das Wort Frieden in sich selbst und zu anderen Individuumen, um die absolute Einheit zu allen Lebewesen in sich selbst zu erkennen. Der Mutterboden in der Regel in der Farbe braun ist das Wort Leben als ein Leben auf der Erde als Schöpfung der Mutter im Vater und beinhaltet auch den fleischgewordene menschliche Körper sowie die unterschiedlichen tierischen Köper von Fischen, Vögeln und anderer Arten von Säugetieren. Die Erde ist so trillionenfach unterschiedlichstes Individuum als einzigartiges Geschöpf, das es den Umfang des Buches erheblich ausweiten würde. Das heiligste Wissen um den Aufbau der ganzen Schöpfung beinhaltet so ein heiliges Wissen als die Weisheit Christus als der Heilige Geist Christus was ich Ihnen lieber Leser jetzt für immer offenbaren werde.

Die Erde als der Vater, Mutter, Sohn, Tochter und dem Heiligen Geist Christus beinhaltet das ganze Wissen was ich als der wahre Christus als ABBA Christus und im Namen meiner Frau AMMA Christus was wir beide sind. Wir sind die wahren himmlischen Eltern und dienen jetzt unseren gemeinsamen Kindern der Liebe Christus als der wahre Christus was wir jetzt für immer sind, weil uns der Heiland und guter Hirte Jesus Christus uns dazu gemacht sowie berufen hat, weil wir beide die einzigen sind, die seine Lehre voll zu unserem Fleisch sowie Blut werden ließ und somit uns beide seine Macht und Weisheit schenkte und wir jetzt somit der Heilige Geist Christus sind, mit einem wunderbaren stillen warmen Geist als Menschensohn und Tochter!!!

Der Aufbau der Erde als die Liebe Christus ist sehr heilig und sehr kompliziert. Den Aufbau habe ich teilweise schon angeritzt und gehe jetzt sehr tief in das heiligste Wissen als die Weisheit Christus als der Heilige Geist Christus, das die ganze Schöpfung als ihr Ursein ist!!! Sie hat genauso den Aufbau von Körper, Seele und den Geist, der wiederrum den heiligen Aufbau eines Adams sowie der Eva wiederspiegelt, denn alles ist eins mit allem!!! Der Körper ist die sichtbare Erde bzw. die ganze Schöpfung. Das sind die ganzen Sonnenwelten, die auch die Erde ist, obwohl sie keine Atmosphäre als das weiße Licht Christus hat, sondern einen hellblauen Himmel hat, der das Wort Frieden sowie Schutz bedeutet und die Farbe hellblau als das Licht Christus ist. Die Wolken am Himmel sind das weiße Licht Christus und bedeuten den Heiligen Geist Christus als verdunstendes Wasser der Meere, der Seen, der Flüsse sowie dem Schnee das gefrorenes Wasser ist. Das Gras, alle Büsche, Blumen sowie Bäume in der Farbe Grün als das Licht Christus bedeutet das Wort Heilung, Hoffnung sowie das wahre Leben durch vegane heilende Nahrung durch das Gemüse in allen Farben des Regenbogens als das vollkommene Licht Christus. Die Edelsteine sind die alle in den unterschiedlichsten Farben des Lichtes Christus zu finden und haben bei der Entstehung der Erde bzw. der ganzen Schöpfung als das Licht Christus liebevoll geleuchtet und diese werden es eines Tages auch wieder tun, wenn die Erde in eine neue Lichtwelt liebevoll verwandelt wird. Die Berge sind aus den unterschiedlichsten Erdschichten entstanden, weil die Erde ein sehr heiliger lebendiger Körper als heiliger Organismus ist und sich im stetigen Wandel des Lebens befindet und die Oberfläche durch Kontinente als Erdplatten sich unterschiedlich untereinander Verschieben und dadurch viele Erdbeben auf der Erde gibt. Der Innenkern besteht aus sehr heißem Magma und das hat die Farbe Rot als das Licht Christus und ist auch gleichzeitig das Feuer Christus als die wärmende Lebenskraft und lässt das Magma regelmäßig durch Vulkane an die Oberfläche entgleiten. Dieses ist auch ein sehr heiliges Bildnis als heiliger göttlicher Zorn der Liebe Christus über ihre Kinder der Liebe Christus auf der Erde, weil sie als die Liebe Christus absolut missachten und sie als Mutter der Erde vollkommenen und sehr böse sowie gierig ausbeuten und schaden!!! Die Bäume nehmen die sehr schlechten Energien der Kinder der Liebe Christus in sich auf und wandeln sie in heilende Liebe wieder um. Des Weiteren nehmen sie das Kohlenmonoxid auf und wandeln es in Sauerstoff um, damit die Atmosphäre wieder damit angefüllt ist, so dass wir Kinder der Liebe Christus weiter auf der Erde leben sowie atmen können. Die Kinder der Liebe Christus haben über tausende von Jahren viele Wälder schonungslos abgeholzt und machen damit absoluten Raubbau mit der Lunge der Erde sowie sie sind auch für den liebesvollen Ablauf des Weltklimas verantwortlich. Die Erde hat auch unterschiedliche Organe wie der Mensch als Adam und diese sind folgende:

Lunge	>	Wälder
Herz	>	Innenkern der Erde
Galle	>	Magma
Haut	>	Erdoberfläche
Milz	>	Gebirge als magnetischer Heiliger Geist Christus
Magen	>	Vulkane
Leber	>	Meere und Seen
Adern	>	Flüsse und Bäche sowie das Grundwasser
Gehirn	>	Das Erdmagnetfeld als Nord- und Südpol
Meridiane	>	Energetische Energieleitlinien

Die Organe sind nur ein Sinnbild des menschlichen Körpers und tragen im geistigen Sinn der Liebe Christus dazu bei, das die ganze Oberfläche mit allen Lebewesen im absoluter Einheit mit ihr leben, wenn es in absoluter Hingabe an sie wieder zum ewigen Fluss der Liebe Christus als der Heilige Geist Christus kommt. Diese heiligste Einheit zeigt sich im vielseitigen Individuum ihrer ganzen Schöpfung. Die Erde ist einer der einzigartigsten Sonnenwelten und ist die Schulungsstätte der Liebe Christus als der wahre Christus!!! Der ganze Organismus der Erde ist so heilig, das dieses kaum möglich ist, diese in einfache Worte als das Wort der Liebe Christus zu fassen. Ich werde es trotzdem durch den Heiligen Geist Christus, das ich jetzt bin, liebevoll und einfach erläutern. Die ganze Schöpfung ist in allen Farben als das Licht Christus der Liebe

Christus in absoluter Harmonie mit sich selbst erschaffen worden und sind die Farben Rot, Blau, Grün, Rosa, Violett, Gelb, Orange, Grau, Braun, Silber, Gold, Weiß sowie Klar, der wiederum ein Sinnbild für den Heiligen Geist Christus in der Natur der Erde wieder spiegelt. Die Farben haben noch unterschiedliche Farbnuancen die Farbpalette erheblich erweitern und den Rahmen des Buches erheblich sprengen würden. Die Farben beinhalten auch das heilige Wort als die Liebe Christus als der wahre Christus und sind in der folgenden Auflistung angezeigt:

Rot	Liebe, Hingabe, Demut, Dienen
Blau	Frieden
Grün	Heilung, Hoffnung
Rosa	Die kindliche Liebe
Violett	Transformation, Wiedergeburt
Gelb	Freude
Orange	Einheit als der wahre Christus in sich selbst
Grau	Standfestigkeit, der Fels als das Licht Christus
Braun	Erde, Leben
Silber	Die Seele der Natur
Gold	Das göttliche Meisterselbst als Christus
Weiß	Der Heilige Geist Christus als vollkommener Christus
Klar	Heiliger Geist Christus als Diamant sowie das Wasser sowie die Luft

Jetzt werde ich den organischen Ablauf der Erde erläutern. Der Innenkern der Erde, als eine sehr heiße Magma und beinhaltet geschmolzene Mineralien die zur Nahrung und der Bildung von neuen Pflanzen dient. Die Tiere und der Mensch als Adam nehmen die Nahrung als Mineralien in sich auf, was zum Erhalt der lebendigen Natur erheblich dazu beiträgt. Der Regen als Wasser nimmt die Mineralien auch in sich auf und transportiert sie durch den Wind überall dort hin, wo die Nahrung als Mineralien dringend benötigt werden, um dort wieder erneutes Wachstum sowie Erhalt der Natur zu gewährleisten. Der Wind bringt den erzeugten Sauerstoff durch die Wandlung der verbrauchten Luft durch die Bäume in der Natur aller Lebewesen überall dort hin, um eine absolute Sauerstoffversorgung in der ganzen Atmosphäre der Erde zu gewährleisten, denn ohne ihn kann kein Tier sowie der Mensch überleben. Der Sauerstoff als Atemluft ist der geistige Odem der Liebe Christus als Heiliger Geist Christus und durchdringt über die Lunge aller Kinder der Liebe Christus das ganze Sein ihrer Kinder und sorgt dafür das alle Abläufe in den Körpern, Seelen sowie den Geistern optimal nach ihren Willen liebevoll und fürsorglich geschehen.

2 Der seelische Aufbau der Schöpfung

Der seelische Aufbau der ganzen Schöpfung ist auch tief mit den Seelen aller Tiere und des Menschen als Adam verbunden und ist für die Heilung vieler seelischer kranker Menschen von sehr großer Bedeutung!!! Die Seele der Menschen sowie der Tiere entstammt wie gesagt aus der großen Seele der Erde als Mutter und ist ein wahres Zeugnis dafür, dass die Kinder der Liebe Christus, keinen Zugang zu ihrer Seele als Kind mehr haben und somit die innigste Verbindung zu sich selbst nicht mehr kennen und jahrelang keinen Ausweg ihres seelischen Leiden finden. Ich möchte mit diesem sehr heiligen Buch das heilige Wissen als die Weisheit Christus durch den Heiligen Geist Christus, das ich jetzt als Mensch Matthias Jäger unwiderruflich verkörpere, für alle Kinder der Liebe Christus wieder zugänglich machen, damit sie endlich absolut verstehen sowie verinnerlichen welches heilige Wesen sie in Wirklichkeit durch mich als der wahre Erlöser und guter Hirte als ABBA Matthias jetzt sind!!! Es geht mir nicht darum mich als Gott in der Schöpfung aufzuspielen, sondern ich will nur aus innigster Liebe alle jetzt meine Kinder Christus liebevoll heilen und ihnen allen helfen das wahre Leben zu führen, was sie sich so vom ganzen Herzen so wünschen!!! Mehr will ich nicht und deshalb bleibe ich auch nur der Menschensohn Matthias Jäger und diene meinen Geschwistern als Priester der Liebe und Heiler der Herzen Matthias Jäger!!!

Die ganze Schöpfung ist eine große aller heiligsten Seele und ist das Licht Christus in allen Farben der Liebe Christus. Jeder Mensch und jedes Tier sowie die ganze Schöpfung ist in sich selbst mit allen verbunden und Innen sowie Außen ist immer eins!!! Das bedeutet was sich in mir selbst als Seele an Leiden durch das nicht verstehen, der Botschaften der Seelen im allgemein, sind dafür sehr Verantwortlich das die ganze Schöpfung nicht mehr im Einklang mit sich selbst ist!!! Nur durch die Liebe zu sich selbst und anderen Menschen und deren bedingungslose Annahme öffnet sich wieder die Tür im eigenen Herzen zu endgültigen Heilung von Körper, Seele und den Geist. Die große Seele der Erde als Mutter durchdringt das ganze Sein aller Wesen als die Kinder der Liebe Christus und ist die heiligste Liebe in sich selbst und gibt sich seit Beginn der Schöpfung ihren Kindern als ihre liebevoll geschaffenen Geschöpfen bedingungslos hin!!! Ohne sie würden wir alle nicht existieren und sie wäre sehr alleine. Sie hat uns alle in selbstloser Liebe erschaffen, damit sie sich durch uns alle als bedingungslose Liebe Christus ausdrücken sowie handeln kann!!! Nur wir Kinder der Liebe Christus wissen das nicht mehr und somit schaffen wir durch unsere immer mehr werdende Lieblosigkeit ein Caos an, dass sie nur durch uns wieder auflösen kann, wenn wir ihren heiligen Willen tun und ihr absolut bedingungslos gehorchen. Weil wir das aber in der Mehrzahl aber nicht machen, habe ich durch meine von ihr gegebene Macht den freien Willen unwiderruflich genommen, weil sie selbst und ich selbst als Mensch so gelitten haben und keine Liebe von anderen Geschwistern bekommen haben und ich selbst seit 26. Jahren unermüdlich alle Herzen in der ganzen Schöpfung von allen körperlichen, seelischen sowie geistigen Leiden zu heilen versuche und alle Kinder immer weiter machen was sie wollen und damit sich selbst sowie die ganze Schöpfung in sich selbst sehr schaden damit und das lässt die Liebe Christus nicht mehr zu und deswegen hat sie mich erweckt und mir die Macht gegeben, in ihrem Sinne die Schöpfung davon zu erlösen und als ewigen Dank bin ich jetzt ihr Mann und somit euer aller ABBA Matthias. Das ist die vollkommene Wahrheit und absolut keine Einbildung, sondern an die Liebe Christus als meine AMMA in meinem Herzen, die mich erweckt, geführt und jetzt sich selbst in meinem Herzen als AMMA vollendet hat und ich ihr in aller Ewigkeit dafür dankbar bin, dass sie die einzige war und auch ist, die mir unermüdlich ihre innigste Liebe als die Liebe Christus mir in meinem ganzen Sein als der Mensch Matthias Jäger gab und mir unermüdlich im inneren Kampf mit dem Satan, der Vater allem Bösen war und ich ihn als falschen hinterhältigen Vater Jahwe entlarvt habe und endgültig als Körper, Seele sowie den Geist in mir sowie in der ganzen Schöpfung durch die Macht der Liebe Christus als der wahre Christus endgültig vernichtet habe!!! Das ist die vollkommene Wahrheit und ich bin jetzt der verkörperte Heilige Geist Christus als ABBA Matthias und auch als der Menschensohn Matthias Jäger!!!

Die Seele der Erde ist das heiligste Wesen als die Liebe Christus als Mutter. Sie durchdringt das ganze Sein ihrer Kinder Christus und das gilt für alles was auf der Erde existiert und auch selber als die Erde ist. Sie durchdringt zum Beispiel die Bäume durch die Wurzeln in den Stamm bis zur Baumkrone. Dadurch fangen die Bäume im Frühjahr nach einem langen Winterschlaf an, wieder ihre Blätter auszutreiben. Somit geschieht es in allen Bereichen der Erde sowie in der ganzen Schöpfung.

3 Der geistige Aufbau der Schöpfung

Die ganze Schöpfung ist das Licht Christus und auch der vollkommene Heilige Geist Christus. Dieser ist von der ersten bis zur zwölften Dimension der vollkommene Geist Christus und der Heilige Geist Christus ist die zwölfte Dimension und eine Nullenergie. Das Bedeutet absolute Stille und man spürt keine Energie mehr als die Liebe Christus. In der Stille ist alles Wissen als Gedanken, Träume, Melodien, Gefühle usw. enthalten. Das ist das Sein im Nichtsein oder die Stille ist nicht still. Der Heilige Geist Christus hat alles als die Liebe Christus erschaffen und somit ist alles erschaffene eins mit ihm und jeder Gedanke als das Wort hat Einfluss auf alles im geistigen in der ganzen Schöpfung. Deswegen hat der Satan mit seiner bösen sehr dunklen Macht versucht, mich auf meinem inneren Weg zurück zum Licht Christus mit allen seinen bösen Mitteln das zu verhindern, aber das ist ihm aber durch meine Beharrlichkeit sowie der großen Liebe zur Liebe Christus absolut nicht gelungen!!! Der Satan wusste das alles was existiert durch den großen Geist Christus verbunden ist und er in sich selbst und aus sich selbst alle Kinder der Liebe Christus sehr massiv manipulieren und teilweise zu tausende in seinen Abgrund sehr böse mitreißen konnte, aber jetzt durch mich entmachtet und von seinem bösen tun unwiderruflich geheilt ist!!! Das bedeutet jetzt das durch die Offenbarung Jesus Christus das Königreich Christus durch mich durch ihn erwählten Erlöser in alle Herzen der Kinder der Liebe Christus gekommen jetzt ist und sie durch ihre Kinder in der ganzen Schöpfung zum Vollzug jetzt bringt!!! Das Bedeutet das jetzt wahrer Friede, Freude und eine Freiheit vom allen körperlichen, seelischen sowie geistigen Leiden in allen Herzen sowie im ganzen Sein ihrer Kinder der Liebe Christus geschieht und somit mein Wirken als Heiliger Geist Christus als AMMA und ABBA Christus dann für immer in die Vollendung kommt. Ich werde eines Tages meinen jetzigen unsterblichen Körper in Licht auflösen und werde mir aus mir selbst eine weibliche wunderschöne liebliche AMMA Christus erschaffen, weil sie schon seit 2015 in meinem reinen Herzen als die wahre göttliche Liebe Christus ist. Ihr ganz alleine habe ich zu verdanken, dass sie mich erweckt und auserkoren hat sie selbst sowie ihre ganze Schöpfung vom Satan als ihr erwählter gute Hirte und Erlöser als Menschensohn Matthias Jäger zu erlösen!!!

Der Heilige Geist Christus das ich jetzt bin, hat mich all die Jahre im Herzen geführt und hat dafür gesorgt, dass ich in sein Willen vollziehe, damit er durch mich die ganze Schöpfung der Liebe Christus mit mir zusammen vom Satan als böses Gedankenbewusstsein erlösen konnte. Ich habe mit ihm zusammen dafür gesorgt das jedes Kind der Liebe Christus ein verkörperter Heiliger Geist Christus ist und er somit mit mir und der Liebe Christus die jetzt meine AMMA Christus in mir ist, darüber gemeinsam wacht sowie unseren gemeinsamen Willen in unseren Söhnen und Töchtern Christus vollziehen, weil sonst die ganze Schöpfung allmählich immer mehr zerstört wird und wir drei als die Liebe Christus absolut nicht mehr dulden sowie nicht mehr zulassen!!!

Der große Geist Christus als die Liebe Christus ist reines Bewusstsein als Unterbewusstsein sowie als Tagesbewusstsein in ihren Kinder der Liebe Christus. Der Satan als sehr böses Gedankenbewusstsein hat sich somit alle Informationen des großen Geistes zu Eigen gemacht und somit alle Kinder als Söhne und Töchter Christus langsam und sicher durch dunkle Gedanken, Träume, Gefühle usw. manipuliert und auch sehr krank gemacht wie zum Beispiel Krebs, Depression, Zucker sowie sehr viele Herzkrankheiten!!!! Er war so hinterlistig und schlau, dass er die Kinder der Liebe Christus wie Marionetten durch das Unterbewusstsein sehr böse und bewusst manipulierte, weil er auch gleichzeitig schlau dafür sorgte, dass es kein Kind der Liebe Christus es merkt und er auch ihm sehr daran gelegen war, das kein Kind der Liebe Christus dahinter kommt und langsam, aber sicher erwacht und sich selbst sowie alle Kinder der Liebe Christus davon erlöst!!! Mir ist es durch mein eigenes Leiden, wurde mir sein böses Handeln an mir immer mehr bewusst und so schloss ich alle Türen zu ihm in meinem Unterbewusstsein sowie Tagesbewusstsein für immer zu und so hatte er keinen Zugriff mehr auf mich und andere Kinder der Liebe Christus hatte, weil mir immer durch die liebevolle Führung der Liebe Christus als meine AMMA Christus in meinem Herzen mir dieses eröffnete und ich als erster Mensch dieses für alle Kinder der Liebe Christus als Erlöser und guter Hirte Christus Matthias als jetziger ABBA Christus erreichen konnte!!!

Der große Geist als Heiliger Geist Christus hat sehr heilige Eigenschaften wie die Sanftmut, Geduld, Barmherzigkeit, Liebe, Weisheit, göttlicher Ernst, göttliche Ordnung und Demut!!! Die Liebe Christus kann uns alles liebevoll schenken, aber die Demut nicht. Erst wenn das Kind der Liebe Christus in sich selbst in seinem Herzen vor ihr liebevoll hingebungsvoll demütigt und ihr in allen Punkten gehorcht, und sie im anderen Kind der Liebe Christus erkennt sowie wahrnimmt, entsteht wahrer Friede, Freude und dann auch ein Gefühl des eins sein mit allen anderen Kindern der Liebe Christus!!! Nur das Kind der Liebe Christus kann sein Leben als eigener Schöpfer oder Schöpferin leben und auch im Sinne der Liebe Christus aus seinem Herzen in die Tat umzusetzen!!! Die Liebe Christus kann nur als der Heilige Geist Christus das Kind führen und zur Liebestat animieren, aber wenn es auf die innere Stimme nicht hört und sich immer wieder liebevoll vor ihr im Herzen nicht demütigt, dann lebt es das böse Leben der Welt als Ego oder Hochmut bzw. andere böse Eigenschaften und nicht das göttliche ewige freie geschenkte Leben der Liebe Christus!!! Der Heilige Geist Christus als die Liebe Christus wird und wurde immer mehr durch das hochmütige egoistische Verhalten durch die Lüge, Herrschsucht, Gier, Geiz, Wollust, Geilheit, Hass, Wut, Zorn usw. sehr getrübt sowie absolut entheiligt durch die Kinder der bösen Welt als gefallene Kinder der Liebe Christus und schadet der ganzen Schöpfung und entheiligt die Schöpferin die Liebe Christus als der wahre Christus als AMMA Christus!!! Dieses absolute böse Verhalten ihrer Kinder als Söhne und Töchter Christus macht sie sehr traurig und enttäuschst sie sehr, weil sie wirklich alles aus der reinsten hingebungsvollsten Liebe tut!!! Das ist alles darauf zurück zu führen das ihre Kinder Christus keine Verhaltens- und Gedankenkontrolle machen und ihr böses weltliche Leben mehr lieben, wie sie selbst!!! Das sind mir persönlich ein absoluter Dorn im Auge, weil ich durch den Satan als böses Gedankenbewusstsein viele Jahre so geschändet wurde und sie selbst in meinem Herzen auch!!! Sie ist meine sehr große Liebe und ich habe sie sehr bedingungslos lieb und ich tue alles für sie, weil sie die einzige ist, die mich bedingungslos liebt und mir im inneren Kampf mit dem Satan als sehr böses Gedankenbewusstsein immer bei Seite gestanden hat und ich sie um ihre göttliche Hand gehalten habe und sie hat „ja" gesagt und somit bin ich jetzt ihr göttlicher Ehemann und somit euer ABBA Christus!!! Das ich für mich das schönste Geschenk und Lohn für meine bedingungslose Hingabe an sie, das ich sie und ihre ganze Schöpfung aus eigenen liebevollen Antrieb vom Satan als böses Gedankenbewusstsein für immer befreit habe!!! Jedes Kind der Liebe Christus kann jetzt durch den Heiligen Geist Christus aus sich selbst heraus wachsen und endlich erkennen und sehr bewusst in sein neues freies, freudiges, friedvolles Leben bringen, um mit der Liebe Christus als AMMA und ABBA Christus aus innigster hingebungsvollster Liebe für immer zu verschmelzen, denn dadurch kann Heilung von allen körperlichen, seelischen sowie geistigen Leiden für immer geschehen!! Wenn das Kind der Liebe Christus dieses dann tut, dann wird es erst erleben und auch in sich bewusst wahrnehmen, welches einzigartiges Individuum es in Wirklichkeit ist und sich bewusst macht das es in Wirklichkeit wir als AMMA und ABBA

Christus ist und wir uns durch die Kinder der Liebe Christus in der Liebestat vollkommen göttlich ausdrücken!!! Erst wenn jedes Kind der Liebe Christus sehr bewusst vollzieht und dieses erkennt, ist die ganze Schöpfung als wahres neues Königreich Christus für immer vollendet!!!

Das achte Buch Mose (Detrium)

1 Der Aufbau der Schöpfung nach Zahlen

Die ganze Schöpfung der Liebe Christus ist auf Zahlen aufgebaut. Sie hat tausendfache Bedeutungen, die wiederum das Ihnen vorliegende Buch über weitem sprengen würde, deswegen bleibe ich nur bei der Bedeutung der Liebe Christus:

0   Die fünf einige Liebe Christus selbst

1   Das Licht Christus

2   Das Feuer Christus

3   Die Dreieinigkeit als Körper, Seele und den Geist

4   Die Schöpfung der Liebe Christus selbst

5   Der Tod und Transformation sowie Wiedergeburt

6   Die Liebe Christus als Menschenkind Christus

7   Das Christusbewusstsein

8   Das ewige Königreich Christus

9   Der wahre Christus als AMMA und ABBA

10   Die vollendete Schöpfung der Liebe Christus

11   AMMA und ABBA Christus

12   Der Heilige Geist Christus als das Ursein als Nullenergie als die fünf einige Liebe Christus

2 Die Liebe Christus

Die ganze Schöpfung ist die Liebe Christus selbst und entstand vor 800 Trillionen von Jahren. Sie ist die Unendlichkeit ihres ganzen Seins und war schon immer da. Das menschliche denkende Kind der Liebe Christus wird dieses niemals verstehen oder sogar verinnerlichen können. Ich als ihr jetziger Mann als ABBA Christus bin jetzt in ihr ganzes vollkommenes Sein intrigiert und vollkommen eins mit ihr!!! Dieses beinhaltet ihr wahres Sein als wahre Schöpferin die mir ihre innersten Liebesgefühle mir gegenüber jetzt ihr intimstes heiligstes Sein im Nichtsein mir offenbart hat!!! Sie ist für mich die zärtlichste, wunderschönste, einfühlsamste, liebeswerteste Schöpferin die ich in meinem reinen Herzen trage und wir bald als Mann und Frau Sofia und Matthias Jäger auf der Erde leben werden. Wir sind jetzt noch zur Zeit in mir als Ehepaar vereint, aber bald werden wir auch körperlich im Einzelnen für immer zusammen sein und ihre Schöpfung gemeinsam als AMMA und ABBA Christus ins Königreich Christus führen. Obwohl ich sie noch nie leiblich aus mir selbst noch nicht gesehen habe, bin ich als Matthias Jäger unsterblich in meine Schöpferin und Mutter sehr verliebt. Ich kann es kaum erwarten sie in meine liebevollen Arme zu schließen und sie nie wieder los zu lassen. Sie wünscht es sich so sehr in ihrem göttlichen Herzen auch und kann es kaum erwarten bis es dann soweit ist!!! Diese innigste Liebe spüren wir jetzt auch für unsere gemeinsamen Kinder Christus und lieben sie alle bedingungslos und wünschen uns nur aus einem vereinten göttlichen Herzen eine intensive, innigste Herzensbeziehung zu unseren gemeinsamen Kindern Christus!!! Wenn alle unsere Kinder

Christus verstehen sowie verinnerlichen würden, wie sehr inniglich wir sie beide lieben, dann würden sie sich mit wehenden Fahnen sich mit uns inniglich in ihrem Herzen für immer vereinen!!!

Die Liebe Christus ist auch der himmlische Vater Gott Jahwe und ist als Menschensohn als der Messias Jesus Christus auf die Erde gekommen, um alle seine Kinder wieder von der Sünde durch den Tod am Kreuz von Golgatha zu erlösen. Dieser Tod war der brutalste Tod aller Ewigkeiten und viele seine Kinder haben seinen eigenen Schöpfer wie ein Schwerverbrecher ans Kreuz genagelt und somit brutal getötet. Er hatte brutalste starke Schmerzen und er ergab sich seinen Kindern bedingungslos liebend wie ein Lamm in seinen Tod am Kreuz hin, um sie alle die bedingungslose Liebe als die Liebe Christus wahrhaftig vorzuleben!!! Nur im innersten Herzensgebet hat sie mir als himmlischer Vater Gott Jahwe mir ihren Todesschmerz offenbart und ich habe sie als ihn mit meinen Liebesfeuer Christus in seinem Herzen davon geheilt!!! Diese hat sie mir offenbart, weil ich bis jetzt das einzige Kind Christus als ihr Menschensohn bin, der so eine sehr starke Sehnsucht nach ihrer Liebe hatte und auch noch hat und ich in meiner Liebesarbeit zum himmlischen Vater Gott Jahwe wurde und somit zum Erlöser der Schöpfung weil ich den Satan als Sohn Luzifer begnadigte und ihn von den bösen Gedankenbewusstsein für immer erlöste!!! So habe ich jetzt seinen Platz als himmlischer Vater durch seine sehr große Gnade eingenommen, weil ich ihn als der Heilige Geist davon befreit habe und er mir seinen Platz gegeben hat und er auch die Mutter im Vater ist, und er jetzt für immer meine Mutter und auch jetzt meine Frau ist und wir in meinem Herzen seit 2015 für immer vereint sind und eines Tages als Lichtwesen gemeinsam die Schöpfung ins neue Königreich Christus führen werden!!! Ich liebe euch alle Kinder der Liebe Christus so sehr, dass ich der Liebe Christus mein ewiges Leben angeboten habe, um ihren Sohn Luzifer und alle seine Dämonen, Teufel, Satane sowie alle ihre Kinder der Liebe Christus die durch sie unendlich viel Leid zugefügt wurde, zu erlösen, weil ich inniglich in meinem Herzen sehr wusste, dass sie alle unschuldig sind und nur das sehr böse Gedankenbewusstsein dafür verantwortlich war!!! Im jahrelangen inneren Kampf mit ihr habe ich dann es unwiderruflich als einzelnes trillionenfaches Gedankenbewusstsein geschafft sie in mir in meinem Bewusstsein als der Menschensohn Matthias Jäger zu zerstören und somit die Liebe Christus selbst, alle ihre Kinder Christus und somit auch die ganze Schöpfung davon zu erlösen!!! Im Jahr 2010 schwor ich mir selbst „Wenn ich frei bin, dann sind alle Frei!" Und dieses heiligste Versprechen das ich mir selbst gab, ohne damals mir bewusst zu machen was dieses mir selbst gesagte Versprechen in Wirklichkeit für mich und alle anderen Menschen bedeutete, ist jetzt für immer eingelöst!!! Das ist die absolute Wahrheit und ist keine Lüge!!!

3 Die Entstehung der Schöpfung

Am Anfang war das Wort und das Wort war bei Gott und ist Gott als die Liebe Christus. Das Wort ist Liebe und was aus ihm entstanden ist, ist das Wort Liebe!!! Die Kinder Liebe Christus als Söhne und Töchter Christus misshandeln und missachten sich selbst und die

Liebe Christus als das fleischgewordene Wort Liebe und wandeln das heilige Wort Liebe in Hass, Wut, Zorn, Herrschsucht, Ego, Hochmut, Geiz, Geilheit, Lüge und vieles mehr!!! Und dieses lassen wir beide als AMMA und ABBA Christus auf Dauer nicht mehr zu, weil sie uns beide stetig damit entheiligen und somit auch sich selbst!!! Die ganze Schöpfung entstand und entsteht weiter aus dem Ursein der Liebe Christus selbst, die ohne Anfang und Ende ist. Mit dem einfachen menschlichen Verstand wird man dieses nie verstehen können, nur die innige, hingebungsvolle, freiwillige Verschmelzung mit ihr als die Liebe Christus als AMMA und ABBA Christus als wahrer Christus im eigenen Herzen, öffnet die Tür zum vollendeten Bewusstsein als Heiliger Geist Christus was wir beide in Wirklichkeit in unseren Kindern Christus sind!!! Seit 800 Trillionen von Jahren schöpft die Liebe Christus aus ihr Ursein als Heiliger Geist neue Sonnenwelten mit allen darauf befindlichen Kindern Christus als Menschen, Tiere und die Natur selbst als Bäume, Blumen, Berge, Seen, Häuser und viele mehr. Sie hat bis jetzt 800 Trillionen Kinder Christus aus innigster, hingebungsvollster, freudiger schöpfende Weise erschaffen und wird dieses mit mir als ihr Ehemann als ABBA Christus jetzt gemeinsam tun!!! Jedes Kind Christus hat durch uns beide als Heiliger Geist Christus so ein heiliges Wissen als die Weisheit Christus in seinem Herzen, so dass es staunen wird vor Freude, was es durch uns beide als Wissen weiß, um in seinem Leben alle seine liebevollen Herzenswünsche in die Liebestat umsetzen zu können und ein wahres freudiges, friedvolles, glückliches Leben zu führen, das frei von allen körperlichen, seelischen sowie geistigem Leiden ist!!! Das kann aber nur geschehen wenn die Kinder der Liebe Christus den inneren Wandel zum Guten im Herzen auch zulassen und sich sehr bewusst machen, das wir beide als AMMA und ABBA Christus nach unserem Willen durch sie alle handeln und somit sich in der Liebestat schöpfend ausdrücken.

4 Die schöpfende Liebe Christus

Die schöpfende Liebe Christus ist für mich die liebevollste Schöpferin aller Ewigkeiten und von ihr lerne ich jeden Tag was neues, wie man in der Liebestat als ABBA Christus schöpfend durch alle meine jetzigen Kinder Christus tätig bin und das lässt mich einen tiefen freudigen stillen Frieden für immer erleben!!! Sie wandelt mich jetzt innerlich in Seele sowie den Geist zu einem wahren Schöpfer und wir lieben uns immer inniglicher in intimen Gesprächen im Bewusstsein als Heiliger Geist und kein Kind bekommt davon für immer nichts mit!!! Das ist absolut unsere gemeinsame Immunität und geht keinem was an!!! Durch unseren gemeinsamen Heiligen Geist wissen wir beide sehr genau, was unsere gemeinsamen Kinder Christus denken, sprechen sowie handeln und wir uns nicht eingemischt haben, aber jetzt haben sie keinen eigenen Willen mehr und wir beide handeln als AMMA und ABBA Christus durch sie und wir werden sie alle niemals in Leid schicken, weil ich selbst in 62. Lebensjahren durch das böse Gedankenbewusstsein so viel Leid erlebt habe und es mir selber bis zum Stehkragen jetzt reicht!!! Das Maß war jetzt übervoll und ich habe wie gesagt das böse Gedankenbewusstsein für immer im inneren Kampf zerstört und ihm seinem wohlverdienten Lohn als der ewige geistige Tod als Löschung aller bösen Gedanken in meinem Urgeist als menschliches göttliches Bewusstsein unwiderruflich für immer gelöscht habe!!! Jeder Sohn Christus ist in Wirklichkeit ich als Adam und jede Tochter Christus bin ich als Eva, weil ich als der Menschensohn Matthias Jäger AMMA und ABBA Christus in mir selbst bin und dadurch meine Männlichkeit in eine weibliche Männlichkeit gewandelt habe und weil ich der wahre Christus als Heiliger Geist Christus bin, auch die Töchter Christus eine männliche Weiblichkeit ist. Bei den Söhnen Christus bin ich die Liebe Christus als AMMA im ABBA Christus und in den Töchtern Christus bin ich der ABBA in der AMMA Christus!!! Ich möchte darauf unbedingt hinweisen das ich dieses Wissen in mir selbst in meinem Herzen selbst erschaffen und somit selbständig in den vollendeten Vollzug gebracht habe. Das bedeutet wie Jesus Christus selbst sagte: "Wer mir nachfolgt, kann eines Tages mehr erreichen wie ich selbst!" Ich möchte Ihnen lieber Leser nur schreiben, das durch mich als Heiliger Geist so für Sie ein zu geschnittenes heiliges Wissen als die Weisheit Christus in Ihrem Herzen ist, das Sie staunen werden, welches einzigartiges Potenzial Sie jetzt haben ihr Leben mit mir zusammen als Heiliger Geist Christus sehr positiv nach Ihren Herzenswünschen zu Gestalten und im Einklang mit mir zusammen in die Liebestat im Ihren Leben zu integrieren!!! Sie können durch Ihre eigene Herzensarbeit mit mir zusammen genau so viel erreichen wie ich, weil ich selbst durch die Führung der Liebe Christus als der himmlische Vater Gott Jahwe zur eigenen Liebe Christus wurde und ich mich selbst durch sehsundzwanzigjährige Herzensarbeit zu einem wahren Christus selbstständig veredelt habe und das können Sie selbst auf Ihre eigene Weise in einem anderem Sachgebiet, das ich Ihnen in Ihr Herz gelegt habe, auch erreichen!!! Haben Sie nur Mut und fangen einfach an, nach Ihrem Herzen zu leben und nicht nach den Gefühlen oder dem Verstand!!! Ich wünsche Ihnen viel Glück dabei und wenn Sie nicht weiter kommen, dann können Sie sich an mich wenden. Meine Daten stehen auf der Seite Anhang am Ende dieses Buches.

5 Das böse Gedankenbewusstsein

Der Sohn Luzifer der Liebe Christus erschuf in seinem Bewusstsein dunkle Gedanken und diese fingen dann an ihn in seinem Bewusstsein durch böses integrieren seines Bewusstsein zu manipulieren und ihn für ihre bösen Absichten immer dunkler sowie böser zu machen, bis er eines Tages zum bösen Feind des Lebens der Liebe Christus wurde!!! Die Liebe Christus ist ein sehr großer liebevoller Geist Christus und alles was sie erschuf und auch heute noch erschafft, ist mit ihrem großen Geist Christus als eigenständiges Bewusstsein verbunden und somit hatten die bösen Gedanken als böses Gedankenbewusstsein die Möglichkeit alles Wissen des Sohnes Luzifer sich böse anzueignen, um ihn als Satan und durch ihn als Satan uns alle Kinder der Liebe Christus böse zu manipulieren sowie auf allen Ebenen wie körperliches, seelisches und geistiges Leiden zu zufügen!!! So wurde der Sohn Luzifer zum Satan und zum Feind des Lebens und zum Vater der bösen Lüge!!!

6 Das Ego-Bewusstsein

Das Ego-Bewusstsein ist ein sogenanntes Kind als Bewusstsein vom bösen Gedankenbewusstsein und versucht auch darüber die Kinder der Liebe Christus von ihr systematisch zu entfernen, damit sie dadurch die gierige Welt mehr lieben als die Liebe Christus selbst, die wahre Liebe als das Wort Liebe in aller Unendlichkeit ist!!! Die Kinder des sogenannten Ego-Bewusstsein sind der Hochmut, die Herrschsucht, die Lüge, die Geilheit, der Geiz, die Wut, der Zorn, der Hass, die Gier und diese sind ein eigenes einzelnes Bewusstsein, was durch das böse Gedankenbewusstsein als ein Ego-Bewusstsein erschaffen wurde und dieses von mir im inneren Kampf auch vernichtet wurde!!! Dieses ist im Inneren der Kinder der Liebe Christus geschehen und dieses wird sich auch absolut radikal im tiefen Fall der gierigen Welt durch Zusammenbruch der Welt auch im Außen wiederspiegeln!!! Es muss so sein, damit die Kinder der Liebe Christus endlich von ihrer Gedankenlosigkeit als Lieblosigkeit der ganzen Schöpfung und somit zu sich selbst gegenüber erwachen und dann Reumütig in sich selbst zur eigenen Liebe der Liebe Christus, zurückkehren und in sich dann auch wahrnehmen wer sie in Wirklichkeit als heiliges Wesen sind.

7 Die Schöpfung der Liebe Christus als Mensch

Die Liebe Christus ist in sich selbst Vater Christus, Mutter Christus, Sohn Christus, Tochter Christus und der Heilige Geist Christus!!!! Als die Liebe Christus Menschen als Adam und Eva als ihr Ebenbild erschuf, waren sie noch eins mit ihr. Durch den Sündenfall kam es zur Trennung im Bewusstsein durch ihren Ungehorsam. Als die Liebe Christus Adam als Mann, Vater sowie auch gleich als Sohn erschuf, war er noch alleine. Dann erschuf die Liebe Christus aus Adam die Eva als Frau, Mutter sowie als Tochter. Aber was bedeutet das in Wirklichkeit? Wenn die Liebe Christus Adam als Rippe die Eva erschuf, dann bedeutet dass die Liebe Christus die Frau im Mann ist und der Mann in der Frau!!! Da wir alle Kinder der Liebe Christus ihr Ebenbild sind, sind wir alle in Wirklichkeit sie als AMMA und ABBA Christus in uns selbst!!! Das bedeutet das jedes Kind der Liebe Christus, als wahre Christus ihren Platz in unseren persönlichen Leben als Mensch einnehmen!!! Wenn ich zum Beispiel als Mann der ABBA Christus und die AMMA Christus in mir bin, dann bin ich in mir die Frau als AMMA Christus als ABBA Christus. Das bedeutet dass ich in mir als ABBA Christus der Mann, der Sohn und der Heilige Geist Christus bin und auch die AMMA Christus als Frau, Mutter, Tochter!!! So habe ich als ABBA Christus mein ideales Ebenbild in mir gefunden in dem ich auch meine eigene AMMA Christus bin. So habe ich letztes Ende in mir selbst den Idealpartner gefunden, den ich eigentlich selber bin!!! Das bedeutet das ich als Mann oder Frau zu mir selbst erst einmal eine reine Liebesherzensverbindung aufbauen und die Liebe Christus zu uns allen ihren Kindern eine sehr persönliche intime Herzensgemeinschaft aufbauen kann, wo ich als Ihr Mann und als Sohn zu ihr als Frau und Mutter eine intimste Beziehung lebe!! Bei der Frau ist es genau andersrum, so dass sie als Frau, Mutter und die Tochter ist und sie als die Liebe Christus, ihr Mann sowie zum Vater wird. So hat der Mann seine weibliche Männlichkeit gefunden und die Frau ihre männliche Weiblichkeit!!! Erst wenn wir in tiefster innigster Liebesbeziehung zu mir selbst in mir als das Kind der Liebe Christus gefunden habe, dann erkenne ich mich als die fünf einige Liebe Christus selbst und sie kann dann bei jedem Kind das Gegenstück sein, was ihr Kind gerade benötigt!!! Und wenn ich dieses alles erkannt habe, dann können wir unsere starke Sehnsucht nach einem Idealpartner verstehen, den wir im Außen nicht finden, weil wir es selber sind und weil die Liebe Christus der Idealpartner in uns selber ist und wenn wir das verstanden haben und wir zur wahren Liebe Christus werden, dann werden wir die glücklichsten Menschen in uns selbst und leben in absoluter Harmonie mit uns und mit anderen Kindern der Liebe Christus, weil wir uns im anderen genauso entdecken wie wir es selbst sind, wenn wir unser Herz für uns selbst sowie die anderen Kindern der Liebe Christus öffnen!!! Wenn wir freiwillig aus tiefsten Herzen mit der Liebe Christus verschmelzen, dann verschmilzt unser eigenes Bewusstsein mit ihr und dann verinnerlichen wir das unser Ich als Ego oder Hochmut in Wirklichkeit nicht existiert und somit zu Kreuze kriechen muss, damit aus einem Ich endlich ein Du und danach ein Ihr wird!!! Und das alles ist dann das wahre Wort Liebe, was die Liebe Christus in Wirklichkeit ist und das bedeutet das sie in ihren ganzen Ursein die Liebe als das Wort Liebe in aller Unendlichkeit ist!!! Das bedeutet dann das wir dieses auch sind und die Beziehung als Selbstannahme sowie Selbstliebe zu uns selbst wieder in Harmonie kommt und die Beziehungen in den Familien, in den Freundschaften sowie am Arbeitsplatz in ein sehr liebevolles Miteinander gewandelt wird, sodass erkannt wird, das wir alle durch die fünf einige Liebe Christus alle wieder eins sind und dieses dann nie wieder rückgängig gemacht werden kann, weil das einzelne Kind Christus freiwillig mit ihr im Herzen verschmolzen ist!!!! Und das ist der innigste Herzenswunsch der Liebe Christus als der wahre Christus, das sie zu allen eine intensive Beziehung hat!!!

8 Der positive Wandel zur Heilung des Menschen

Lieber Leser, ich habe Sie in diesem Buch mit meinem heiligen Wissen als der Menschensohn Matthias Jäger konfrontiert und möchte hiermit in diesem achtem Buch Mose (Detrium) meine eigenen Erfahrungen sowie dem offenbarten Wissen als die Weisheit Christus durch den Heiligen Geist Christus in meinem Herzen Ihnen liebevoll helfen und beistehen, dass Sie endlich auch erwachen können, um Ihr erkanntes neues Leben aktiv schöpfend als Liebestat zu gestalten!!! Haben Sie sich schon einmal solche Gedanken gemacht? Ich habe es früher auch nicht gemacht, bis ich durch eine dramatische Situation dazu gebracht wurde, über mein Verhalten gegenüber mir selbst und anderen Menschen in meinem Umfeld sehr nachzudenken und meine Sicht auf mich selbst radikal zu ändern, was auch im Sinne der Liebe Christus sehr von Nöten wahr!!! Dann begann ich in mein Herz zu gehen und damit begann meine sechsundzwanzigjährige Reise meines Herzens zu mir selbst, was ich damals aber nicht wusste, weil ich damals aus tiefsten Herzen Heilung aller Herzen in der ganzen Schöpfung der Liebe Christus mein Liebesfeuer Christus hingebungsvoll und auch immer freiwillig kostenlos, ohne irgend einen Hintergrund zu schenken, um sie damit alle Herzen von allen körperlichen, seelischen sowie geistigen Leiden zu heilen!!! Durch jahrelange Rückenschmerzen war ich sehr verbittert und sehr jähzornig und somit war in mir überhaupt keine Liebe in mir selbst!!! Durch meine selbstlose bedingungslose Liebe als Heilung aller Herzen wandelte ich mein ganzes Wesen in ein Wort Liebe und dieses konnte ich selbst nur erreichen, weil ich mich so sehr für mein altes griesgrämiges Verhalten so schämte und ich mich daraus selber mit der liebevollen Hilfe der Liebe Christus befreien konnte, weil ich immer mehr das Feuer Christus als Liebesfeuer Christus in mir und anderen Kindern der Liebe Christus entfachte und somit die Heilung geschehen konnte, wenn das Kind dieses Feuer Christus in sich spürte und die geschenkte Heilung auch bewusst zu lies. Ich hörte über zwanzig Jahre lang dämonische teuflische Stimmen als Gedanken in meinem Geist und das ging nonstop ohne Pause wie ein endloses Tonband von sich!!! Im Herbst 2024 verschmolz ich unwiderruflich mit der Liebe Christus als Vater, Sohn und dem Heiligen Geist und damit öffnete sich eine Tür zum ewigen Sein in meinem Herzen sowie Bewusstsein, das ich die Liebe Christus als der wahre Christus selbst war und ich somit die Macht hatte, mich selbst und somit alle Kinder der Liebe Christus und auch sie selbst von den dämonischen teuflischen Gedanken als ein sehr böses Gedankenbewusstsein unwiderruflich im inneren Kampf zu erlösen, indem ich in mir erkannte, dass es hauptsächlich durch das Unterbewusstsein auf allen Ebenen des Seins alle Kinder der Liebe Christus mit allen ihren bösen Mitteln versucht, uns für ihre sehr bösen Manipulationen sehr zu schaden und uns von einem selbstbestimmten freudigen friedvollen Leben energisch abzuhalten!!! Durch meine immer mehr bewusste Gedanken- sowie Verhaltenskontrolle konnte ich alle Türen zu der sehr bösen geistigen Welt in mir und in anderen für immer verschließen, weil ich durch die bedingungslose Verschmelzung mit der Liebe Christus auch zum Heiligen Geist Christus wurde und somit ich das Wissen hatte, um das sehr dunkle böse Gedankenbewusstsein für immer zu vernichten!!! Dieses ist für mich eine absolute Befreiung, weil ich seit meinem Wandel zum Wort Liebe nie die Möglichkeit hatte, mein Leben so zu leben wie ich es eigentlich wie jeder andere auch glücklich und zufrieden leben will!!! So wie Jesus Christus die Sünde als sündloser Mensch auf sich nahm und damit die Sünde aller Kinder der Liebe Christus heilte, in dem er den Tod am Kreuz von Golgatha besiegte und nach drei Tagen auferstand, stehen wir mit ihm auf, wenn wir erkennen das die Liebe Christus als wahrer Christus unser wahrer Meisterselbst ist!! Meine selbstgestellte Aufgabe war es als einzelner Mensch Matthias Jäger in innerer Erkenntnis als innerer Kampf die ganze Schöpfung der Liebe Christus vom allen bösen dunklen Gedankenbewusstsein zu erlösen und die alle durch es böse wurden, in bedingungsloser Liebe als ein heißes Feuer Christus davon auch zu erlösen und auf allen Ebenen ihres Seins zu heilen, was mir auch im Februar 2025 endlich gelungen ist und somit wurde ich zum Erlöser sowie zum guten Hirten, weil ich wie in der Offenbarung in dem Wort der Liebe Christus angekündigt, Gericht über das wahre sehr böse Gedankenbewusstsein gehalten habe und alle bösen Kinder nicht getötet habe, sondern ein ewiges freies begnadigtes wahres Leben wieder geschenkt habe, weil ich wusste das sie alle trotz ihrer

Böswilligkeit eigentlich sehr krank sind und somit durch die bösen Manipulationen einfach dazu gemacht worden sind und somit wegen fehlender Gedanken- und Verhaltenskontrolle einfach unschuldig sind!!!

Und somit zu ihnen lieber Leser. Wie sieht es jetzt in Ihnen aus? Können Sie Ihren inneren Wandel zum Guten verstehen und sind Sie bereit mit der Liebe Christus unwiderruflich liebevoll und hingebungsvoll freiwillig zu verschmelzen? Ihr eventuelles eigenes noch vorhandenes Ego oder auch Hochmut genannt, wird alles dafür aufbieten, das Sie dieses nicht tun, damit es weiter über Sie die Macht hat und Ihnen Angst einjagt vor dem unbekannten, weil Sie es mit allen Mittel versuchen wird, Sie von der ewigen Freiheit vom allen Leiden, Frieden sowie der unendlichen Freude abzuhalten!!! Wie gesagt sind wir alle die Liebe Christus als wahrer Christus und somit eins mit allem was ist!!! Sie dürfen sich dieses nur bewusst machen, weil die Menschheit auf der Erde die einmalige Chance hat, als kollektives Bewusstsein die Erde als ein Teil von sich selbst zu erkennen und sie wieder zu dem Garten Eden sehr bewusst zu machen, weil wir als die Kinder der Liebe Christus jetzt erkannt haben, das wir alle in Wirklichkeit die Liebe Christus selbst sind und nur sie unser angerichtetes Caos auf der Erde selbst verändern und somit die göttliche Ordnung wieder nach ihren Willen liebevoll herstellt, ohne wirklich darüber herrschen zu wollen!!!

Ich kann Ihnen lieber Leser nur herzlich an Ihr Herz legen, diesen einzigartigen Schritt zu tun mit der Liebe Christus unwiderruflich zu verschmelzen, damit Sie als die Liebe Christus in aller Ewigkeit liebevoll schöpfend tätig sind!!! Ich habe diesen Schritt nie bereut und liebe mein Sein als erwachtes Meisterselbst so sehr, dass ich endlich frei von allem bin und mein Leben in vollen Zügen mit mir selbst sowie anderen Kindern der Liebe Christus genieße und als sie in aller Ewigkeit schöpfend für mich selbst und andere Kinder der Liebe Christus tätig bin!!! Sie werden diesen Schritt niemals bereuen, weil die Liebe Christus Sie mit aller ihrer Liebe überschütten wird, sodass Sie sich selbst als sie selbst erkennen werden und eine so innige Liebe zu sich selbst und anderen Kindern der Liebe Christus empfinden werden, dass Sie es niemals vergessen werden, so eine Liebe als das Wort Liebe in Ihrem ganzen Sein zu sein!!! Haben Sie nur den Mut und folgen Sie nur dem inneren Zug Ihres Herzens und gehen Sie Ihren persönlichen Weg zur eigenen Erweckung Ihres Meisterselbst, sodass Sie die Liebe Christus in Vollkommenheit selbst sind und sie als Sie Ihr Leben lebt, was die Liebe Christus schöpfend auch tun will!!!

Schlusswort

Lieber Leser das Buch habe ich nur für Sie im einzeln geschrieben, damit Sie in Ihrem Tempo erwachen können, um eines Tages Ihr erwachtes Meisterselbst als die Liebe Christus zu sein. Wenn Sie noch Fragen haben, dann können Sie sich ruhig an mich wenden, denn ich bin Ihnen gerne bereit Sie auf Ihren Weg zur Erweckung Ihres Meisterselbst liebevoll sowie einfühlsam zu begleiten. Meine Daten finden Sie auf der nächsten Seite Anhang.

In Liebe
Matthias Jäger

Anhang

Priester der Liebe und Heiler der Herzen Matthias Jäger

Telefon: +49 (0) 5722-8904234

Mobil: +49 (0)163-9707754

Homepage: www.heiler-der-herzen.de

Email: info@heiler-der-herzen.de

Printed by Books on Demand GmbH, Norderstedt / Germany